L647,64.

IMPRIMERIE DE J. TASTU,
RUE DE VAUGIRARD, N° 36.

CONSIDÉRATIONS

SUR LES CAUSES ET LES PROGRÈS

DE

LA CORRUPTION

EN FRANCE.

PAR ALEXIS DUMESNIL.

> Ne vous détournez ni à droite ni à gauche.
> PROVERBES.

Paris.

CHEZ TOUS LES MARCHANDS DE NOUVEAUTÉS.

1824

CONSIDÉRATIONS

SUR LES CAUSES ET LES PROGRÈS

DE

LA CORRUPTION EN FRANCE.

CHAPITRE PREMIER.

Dessein de cet ouvrage. — Philosophie du dix-huitième siècle.

C'est surtout dans le désordre et le bouleversement des États, dans l'anarchie des révolutions, que les hautes vérités morales se manifestent dans toute leur puissance ; de même à peu près qu'une tempête met à l'épreuve et confirme la science du pilote. De grandes expériences se font alors, de grands problèmes se résolvent dans le danger, et la sagesse des principes, comme leur utilité sont d'abord reconnues. On est mieux assuré dans ses croyances lorsqu'on les a éprouvées ; on y cherche plus volontiers ses consolations, quand elles nous ont déjà consolés. Voilà les leçons qu'un peuple doit retirer de ses longs malheurs, pour peu qu'il y sache lire et qu'il ne veuille point s'obstiner à suivre des routes qui n'aboutissent qu'aux abîmes et à la mort. C'est donc principalement comme étude morale de l'homme et de ses principes, que s'offre ici, sous un nouveau jour, la révolution française : elle présente un vaste champ d'extermination où viennent s'attaquer toutes les doctrines et toutes les opinions du monde, et elle diffère des autres en ce qu'elle semble véritablement être une crise de l'intelligence humaine. Jamais la lumière de l'expérience n'éclaira tant de points de morale à la fois, jamais les événemens ne se sont pressés si vite d'amener les résultats; on peut découvrir dans ce grand mouvement social toutes les lois qui font les destinées humaines.

Long-temps avant que la révolution éclatât en France, il s'en était fait une dans la morale et dans la philosophie. La science des mœurs, jusque-là soumise aux plus nobles influences du sentiment, et recevant toute sa force des inspirations mêmes de l'ame, venait de descendre de ces hauteurs sublimes aux méthodes de l'analyse et aux doutes du raisonnement. On n'entretenait plus les hommes de la sainteté de la morale, mais on la définissait; on ne leur citait plus les grandes vertus des siècles passés, mais on les mettait en question, et on y mettait aussi les croyances religieuses et les croyances politiques. L'esprit était devenu tout l'homme, et sa raison la seule puissance que l'on admît : on négligeait ainsi ces sentimens, qui sont les conseillers intimes et les guides naturels de l'homme, pour ne s'adresser plus qu'à son intelligence. C'est par cette erreur que le dix-huitième siècle se distingue plus particulièrement encore de celui qui venait de le précéder; c'est une ère nouvelle où l'on recommence l'examen de tout ce qui avait été examiné, non pour croire mieux, mais pour ne croire plus du tout; non pour surpasser nos pères en vertus, mais pour nier la vertu même. Nous verrons bientôt quelle sera l'influence de ces doctrines funestes sur la fin du dix-huitième siècle, et jusque sur les temps actuels.

CHAPITRE II.

Des facultés de l'homme et de l'excellence de la religion chrétienne.

Je ne crois pas inutile, avant d'aller plus loin, de dire un mot des facultés de l'homme et de ses sentimens en particulier, afin que, connaissant mieux sa propre nature, on puisse juger mieux aussi des moyens qu'il convient d'employer pour s'élever à la perfection. Il y a deux sortes de sentimens dans l'homme ; les uns inférieurs, et qu'il a en commun avec les bêtes ; les autres d'un ordre plus élevé, et qui constituent, à proprement parler, la nature humaine. Ce n'est pas en-dehors de ce système, dans de vaines théories, ni dans les subtilités de la raison, qu'il faut chercher la moralité de nos actions ; mais elle est tout entière dans la subordination des sentimens inférieurs aux sentimens supérieurs, et c'est là seulement que se trouvent la sagesse, le bonheur et la dignité de l'homme. Ces sentimens sont comme la voie mystérieuse par laquelle il entretient avec l'intelligence souveraine de secrètes communications, et d'où il reçoit ces impressions divines qui produisent en lui l'amour de la justice et de la vérité.

Lors donc que la moderne philosophie, comme celle d'Épicure, qui a déjà fait tant de mal dans le monde, tend ouvertement à détruire cette heureuse influence des plus nobles sentimens, elle montre suffisamment, je pense, qu'elle ne connaît point la nature humaine. Mais elle la veut faire autre que l'a faite le créateur; elle retranche ses plus belles parties, elle la dégrade, elle l'avilit pour se l'approprier. Et que reste-t-il alors de l'homme? Une raison faible et impuissante, un esprit variable, sans appui, sans guide, comme un ballon dans l'air obéissant à tous les vents.

L'homme naît avec le sentiment religieux, avec le besoin de croire et d'adorer, comme il naît avec le besoin de manger et de se reproduire : privez la foi des objets dignes de sa vénération, ôtez-lui ces grandes et belles croyances que le ciel nous a lui-même données, et, plutôt que de ne croire point, elle se forgera de vaines imaginations, se laissera emporter à toutes sortes de chimères et d'absurdités. Il fallait être bien insensé pour s'imaginer pouvoir faire perdre à l'homme ses plus belles facultés, sans que, dans l'ordre social, il en résultât d'horribles bouleversemens, sans que ce peuple, dont on avait brisé le lien religieux, s'abandonnât avec fureur à tous les vices qu'on lui avait laissés. L'homme n'est tout l'homme, et il ne conserve son rang auguste dans la création, qu'autant qu'il s'élève par la foi aux plus sublimes vérités de la religion. C'est user d'un droit légitime que d'abaisser sa raison devant les mystères qui nous entourent; c'est exercer la plus belle de nos facultés, que de s'humilier en présence de l'Être souverain. Tel est aussi le principal dessein de la religion chrétienne qui, mieux qu'aucune autre, a su enseigner à l'homme la soumission des sentimens inférieurs aux sentimens supérieurs, et, par les plus admirables préceptes, l'a rappelé à toute la grandeur et la sainteté de son origine. Que si ce n'était pas ainsi que le christianisme entendit l'homme, il ne serait point la vérité; mais ses lettres de créance sont dans la manière même dont il exalte nos facultés, et concourt avec elles au développement de l'homme moral.

CHAPITRE III.

Que la philosophie du dix-huitième siècle n'a connu ni la vraie nature de l'homme, ni le véritable esprit du christianisme.

Cependant cette orgueilleuse philosophie, qui s'efforçait de rapetisser l'homme en substituant aux plus nobles affections de l'ame une raison mobile et artificieuse, ne pouvait manquer de s'élever contre toutes les croyances religieuses en général, et contre le christianisme en particulier. Il n'y a sorte d'outrages qu'on ne lui ait prodigués; tout mensonge, toute calomnie, ont été de bonne guerre ; on n'eût pas traité plus dédaigneusement une vieille idole, on ne lui eût pas ménagé de plus grandes avanies. Et c'était au nom des lumières qu'on proscrivait une religion qui, la première, a éclairé le monde ! Et c'était en appelant les hommes à jouir de leurs droits, qu'on méconnaissait la voix de celui qui, le premier, les a proclamés dans le monde !

On voulait, disait-on, l'affranchissement des peuples, le règne de la justice et de la vérité; mais n'avions-nous pas tout cela dans le christianisme? N'est-ce donc pas l'Évangile qui a révélé à l'homme toute sa dignité? N'est-ce pas l'Évangile qui, du sein de la plus épouvantable barbarie, a fait jaillir une civilisation nouvelle, et qui, pour me servir des propres paroles de l'apôtre, a détruit le maître et l'esclave, et enseigné une liberté et une égalité jusqu'alors inconnues?

Quelle fut donc l'erreur d'une philosophie, qui, n'ayant à combattre que des préjugés, confondit partout la vérité avec le mensonge, et voulut absolument chercher en dehors du christianisme le perfectionnement de cette large et belle civilisation qu'il avait si heureusement commencée? Avec de la bonne foi, ou peut-être avec moins de prévention, les philosophes eussent reconnu que toutes les vérités sociales sont comme en dépôt dans l'Évangile, d'où les peuples trouvent incessamment le moyen de les faire passer dans leurs lois et dans leurs institutions, à mesure qu'ils se rendent eux-mêmes plus parfaits. Car la religion a encore cet avantage immense, qu'à côté de la main qui affranchit est la main qui modère et réprime ; en sorte que l'on n'a jamais à craindre de sa part ni violences ni secousses.

Mais c'est cet accord même, d'une nécessité si rigoureuse, entre le développement des principes et les progrès de l'intelligence humaine qui, lassant à la fin ces esprits légers et superficiels du dix-huitième siècle, leur a fait entreprendre de mûrir par la philosophie les fruits que portait l'arbre sacré du christianisme. Il n'est pas un principe généreux de la philosophie, il n'est pas une des grandes idées de la révolution, qui n'aient été puisés dans le livre des Évangiles : mais, comme on les jetait à contre-sens, et avec de mauvais desseins, dans la multitude, en les séparant des sentimens de charité qui font toute leur force et toute leur vertu, ces vérités sont devenues partout le fléau des peuples, de leur salut qu'elles devaient être.

CHAPITRE IV.

Pernicieuse influence des philosophes.

Tout homme qui ne reconnaît point l'excellence de la religion chrétienne, en devient nécessairement l'ennemi; elle est trop souvent aux prises avec ses désirs et ses intérêts, pour qu'il lui pardonne une hauteur de pensée à laquelle il n'aura pu s'élever. En la combattant, ce sera pour lui une nécessité de découvrir sa propre faiblesse et sa corruption. Voilà sur quels principes il faut juger ces philosophes du dix-huitième siècle, dont aucun n'a outragé la religion, qu'il ne se soit appliqué d'abord à détruire la morale. Ce fut Helvétius qui fit un gros livre pour nier la vertu. Ce fut Voltaire qui passa sa vie à flétrir le sentiment religieux, et mit pour ainsi dire en liberté toutes les passions. Que dirai-je de Diderot, de ce baron d'Holbach, qui n'opposaient plus à la foi chrétienne qu'un absurde matérialisme? Ce n'était pas un seul homme qui gâtait les mœurs et s'attachait à la ruine de l'État, mais tous ensemble paraissaient n'avoir qu'un même but et une même volonté. La licence et l'impiété prenaient tous les tons, se reproduisaient sous toutes les formes, dans des livres graves et sententieux, dans des poésies légères et mordantes, dans la conversation des savans, dans celle des gens du monde. Quelles œuvres morales pour des pères de la philosophie, que le *poëme de la Pucelle* et le *Dictionnaire philosophique!* que le *Système de la Nature*, les *Bijoux indiscrets* et *la Religieuse!* Quels livres à mettre à la place du livre des Évangiles, et qu'il sied bien à de tels apôtres d'insulter à la mission sanglante des disciples de Jésus! Ainsi on a déshabitué une nation entière de ses plus saintes croyances, on l'a conduite à rougir de la vertu même, et à se dépouiller de ces sentimens généreux qui la distinguaient de tous les peuples de l'univers. Que pouvait de plus la philosophie pour corrompre et pervertir l'État?

CHAPITRE V.

Rousseau.

Un homme que réclamerait volontiers le siècle de Périclès ou celui d'Auguste; un homme que l'on croirait avoir mené une première vie parmi les sages de l'antiquité, s'est trouvé comme égaré parmi les philosophes des derniers temps, et, dans le jugement qu'il a porté de cette secte audacieuse, on croirait encore entendre la voix de Plutarque, ou celle de quelque vieux chrétien du désert. Ce fut Rousseau qui, le premier, révéla le terrible secret d'une hypocrite philosophie qui se proposait de tout renverser et de tout détruire; et son vaste génie avait en cela même dépassé toutes les prévoyances. On le voit, avec plaisir, rappeler l'homme aux sentimens naturels, et le prémunir contre les séductions de son intelligence. Il parle avec force *de la raison qui nous trompe, et de la conscience qui ne nous trompe jamais.* Il accable des foudres de son

éloquence *cette philosophie moderne qui n'admet que ce qu'elle explique*, et il repousse avec horreur l'épouvantable doctrine de ceux qui disent que *tout nous est indifférent hors notre intérêt*. Quelle vérité de couleurs dans le portrait qu'il a tracé des ennemis du christianisme !
« Ces vains et futiles déclamateurs vont de
» tous côtés, armés de leurs funestes para-
» doxes, sapant les fondemens de la foi, et
» anéantissant la vertu. Ils sourient dédai-
» gneusement à ces vieux mots de patrie et de
» religion, et consacrent leurs talens et leur
» philosophie à détruire et avilir tout ce qu'il
» y a de sacré parmi les hommes (1). »

Certes, il avait bien mesuré la portée des coups dont on frappait les institutions, celui qui s'écriait avec un accent prophétique : *Nous approchons de l'état de crise et du siècle des révolutions !* Cet état de crise est arrivé, le désordre et l'anarchie ont été au comble, et trente ans de révolution n'ont que trop justifié les appréhensions qu'inspirait une philosophie *raisonneuse*.

---

(1) Discours sur les sciences et les arts.

CHAPITRE VI.

Corruption de la puissance.

Nous voyons dans l'histoire du temps, que les grands et les magistrats, au lieu de repousser les nouvelles doctrines, leur accordaient secrètement leur appui. Ils n'y étaient que trop enclins par cet esprit de licence qui depuis long-temps avait gagné les premières classes de la société. On se prête plus volontiers à briser un frein dont on a méconnu l'utilité. D'ailleurs c'était la mode de confondre dans son mépris pour la religion, et la splendeur du trône et la gloire de ses ancêtres; et, alors que l'on doutait de tout, on se faisait un jeu de ne porter plus respect à rien. La cour elle-même, tout ouverte aux nouvelles idées, ne se pouvait comparer à la cour simple et occupée de Henri IV, ni à celle de Louis XIV si pleine de majesté; mais ce n'était plus que le reflet pâlissant de ces anciennes grandeurs, sans gloire et sans dignité. Ce fut pour la première fois que l'on vit un roi de France regarder aux foudemens de son trône ; et le gouvernement, qui avait perdu dans l'inaction toute sa force, quand il fallut en faire usage ne sut plus où la trouver. Il y a plusieurs causes immédiates de la prochaine révolution, mais elles naissent toutes, en général, de l'oubli des anciennes mœurs, et du relâchement des principes dans la puissance même. Il fallait bien, après tout, que les premiers ordres de l'Etat subissent les justes et inévitables conséquences des abus qu'ils avaient laissé s'introduire dans leur sein. La philosophie les surprit dans la discussion de leurs droits, et ne fit qu'étendre le mal.

Les longs débats des parlemens avec la couronne, pendant lesquels on s'occupa moins de se défendre que de frapper au cœur son ennemi, avaient partout laissé à découvert l'endroit vulnérable. Sans doute le monarque pouvait reprocher aux parlemens des atteintes à son autorité, il put même indiquer le point de départ de leur puissance, et vouloir les y ramener ; mais il ne fut guère moins facile aux parlemens de se souvenir des usurpations de l'autorité royale, pour les exposer outrageusement à la vue de la nation. C'était une enquête faite à l'avance pour ce parti qui débordait déjà le pouvoir la hache des paradoxes à la main. Les parlemens, qui avaient demandé contre la cour les états-généraux, suspendus par leur convocation ne reparurent plus; et le roi, qui prétendait abattre leur orgueil, s'engloutit avec eux dans l'abîme.

Le clergé, si éloigné alors des mœurs évangéliques, qui n'apportait aux états que les démêlés des curés avec les évêques, et, pour toute vertu, que des prétentions d'ordre, au lieu de se rendre maître d'une révolution qui prêchait l'égalité, en se fortifiant de la parole même de celui devant qui tout est égal, ne montra que de petites passions qui lui firent perdre tout son crédit. Il eût pu, dès la première assemblée des notables, prévenir de grands malheurs et peut-être détourner l'orage en laissant mettre sur ses biens une légère taxe, mais il s'y refusa avec obstination; et ce sacerdoce chrétien, qui enseigne au monde l'humilité et la charité, ne voulut ni renoncer à ses priviléges, ni payer ses dettes pour sauver l'Etat, quand il possédait à lui seul un tiers des revenus du royaume.

Enfin l'armée, qui devait être le principal soutien du trône, fit preuve d'impuissance comme le reste, ou passa du côté de ses ennemis. Le roi, au moment du danger, ne trouva que des chefs inhabiles, de jeunes seigneurs en crédit à la cour et sans crédit dans leurs régimens, et des soldats, abreuvés de dégoûts, tout prêts à la révolte. Il fallait bien que le chef de l'Etat expiât cet édit funeste qui, contre les principes de l'ancienne monarchie, venait de fermer à la bourgeoisie la carrière militaire. Cette exclusion barbare, et dont on ne retrouve d'exemple à aucune époque, devenait pour lors un véritable contre-sens. C'était choisir mal son temps que de restreindre les droits de la classe la plus éclairée de la nation, lorsqu'il convenait au contraire de les étendre. Ainsi personne ne fit son devoir, parce que personne n'était à sa place.

CHAPITRE VII.

Mirabeau.

Parmi les hommes qui ont le plus contribué à répandre les nouvelles idées, Mirabeau devrait occuper seul un rang à part. Il est le premier chapitre de la révolution, comme Robespierre en a été le second, et Bonaparte le troisième. Mirabeau a tué les institutions, Robespierre les hommes ; nous verrons ce qu'est devenu entre les mains de Bonaparte le champ du sang. Né pour abuser de toutes les ressources de son génie, habile dans toutes les doctrines qui corrompent et détruisent la morale, et propre surtout à augmenter leurs ravages des foudres de son éloquence, de tous les hommes destinés à renverser l'ordre social, Mirabeau semble avoir été le plus complet. Sorti de l'enfance pour ainsi dire avec l'expérience du crime, tous les sentimens généreux parurent naturellement éteints en lui :

dans ses écrits, dans ses discours, il a parlé de vertu et de patriotisme, comme en ont depuis parlé ses disciples, sans y prétendre et sans y croire. Tel est l'homme qui marcha d'abord à la tête de la révolution, et qui pourtant à la fin s'étonna lui-même de crimes qu'il n'avait pas prévus. Il voulait, dit-on, tourner au bien, et sauver l'État; c'est-à-dire l'embarrasser d'une trahison de plus. Mais il avait accompli son œuvre, et ses funérailles se célébrèrent sur les ruines de la monarchie. Tout Paris voulut y assister, jamais douleur publique n'éclata en de si vifs transports. On savait toutes les intrigues de sa vie, on ne mettait en doute aucun de ses crimes; et cependant le deuil fut universel, la France entière le pleura. Il fallait que la nation sentît bien vivement les talens et le génie de cet orateur, ou qu'elle eût déjà pour le mal une bien grande indifférence.

CHAPITRE VIII.

L'assemblée constituante.

L'Etat ne pouvait manquer de se perdre sous la *constituante* qui, seulement appelée à réformer les abus de la monarchie, se jeta dans de vagues et obscures définitions et prétendit définir la monarchie même. On ne songea plus dès-lors à corriger; mais chacun accourut avec un nouveau plan de constitution, et l'ancien ordre social tout entier fut mis aux voix.

Vous remarquerez que les plus grands attentats de cette assemblée ne se sont presque jamais éloignés de la ligne des raisonnemens philosophiques. Dans la bouche même de ses orateurs, l'apologie du meurtre se confondait si bien avec les hautes maximes du siècle, qu'il ne semblait en être qu'une conséquence nécessaire. C'est ici, pour mettre dans tout son jour cette vérité, qu'il faut rappeler le mot si connu, de Barnave : *ce sang est-il donc si pur qu'on doive tant regretter de le verser?* Et à M. de Lally-Tollandal, qui conjurait l'assemblée d'arrêter le cours des assassinats, Mirabeau indigné ne lui reprocha-t-il pas, *qu'il sentait où il ne s'agissait que de penser ?* Mot horriblement profond, qui ferait seul connaître le secret de la révolution ! Ainsi tuer et penser fut dès le commencement une même chose. Il faut des victimes aux nations, s'écriait Mirabeau ; et la philosophie avait dit avant lui, qu'elles ne se régénèrent que dans un bain de sang.

L'Assemblée constituante, qui avait appris de la secte philosophique à mettre tout en discussion, transmit bientôt au peuple de Paris, et ensuite aux peuples des provinces, le funeste goût des délibérations ; ce qui dut nécessairement achever de corrompre un peuple vain et léger, toujours extrême dans ses résolutions. Non-seulement les nouvelles autorités révolutionnaires, les représentans de la commune et les districts, délibéraient, mais aussi les différens corps de métiers, les garçons tailleurs, les perruquiers, les cordonniers ; il n'était pas jusqu'aux soldats qui ne délibérassent dans leurs régimens. Les femmes elles-mêmes délibérèrent quelquefois, et non dans les moindres occasions : ce fut par elles que se préparèrent les journées fameuses d'octobre. En France, où tout est de mode, les crimes même du peuple sentaient l'argument et le sophisme.

Ce ne fut pas une médiocre fortune pour l'assemblée, de rencontrer si près du trône deux hommes également propres par leur caractère à entreprendre une révolution pour les autres. Le duc d'Orléans bouleversa l'État par ses continuelles intrigues, sans en retirer d'autre fruit que la honte et l'opprobre ; M. Necker, grand argumentateur et banquier philosophe, défendait précisément le trône comme ses ennemis eussent pu souhaiter qu'on l'attaquât.

Lorsque l'abbé Maury, dans l'espoir que de nouveaux législateurs succédant à l'assemblée constituante rétabliraient les ordres et les priviléges de l'ancienne monarchie, ne voulait point qu'on limitât à l'avenir les pouvoirs des députés, il ne se doutait guère qu'il fondait pour la Convention le droit de tout détruire.

Ainsi des deux côtés la ruse et la mauvaise foi servaient encore à accroître le mal.

Si l'esprit et les talens, si le génie, si la raison pouvaient seuls sauver les États, l'assemblée constituante eût infailliblement sauvé la France ; mais tant d'habileté, au contraire, ne servit qu'à la perdre plus promptement. Cet exemple doit être le désespoir de ceux qui mettent tout l'homme dans son intelligence, et n'accordent rien aux sentimens.

CHAPITRE IX.

L'assemblée nationale. — Les girondins. — La commune.

Il y avait une raison qui faisait que les assemblées se succédant si rapidement devaient toujours amener une plus grande corruption : c'est cette soif ardente de popularité qui, d'une assemblée à l'autre, ne pouvait manquer d'exciter l'ambition des orateurs, et de porter tout aux extrémités. Le mal, sans doute, eût été moins grand, si l'assemblée constituante n'eût elle-même décidé sa non-réélection. Le parti de la Gironde, si connu par ses talens et par sa démocratie philosophique, pour se mettre en renom, brise les dernières planches du trône, et fait disparaître jusqu'aux traces de l'ancienne monarchie ; il casse la garde constitutionnelle du roi, il arme de piques la populace de Paris. Les constitutionnels prétendaient bien arrêter la révolution au point où elle mettait en leurs mains la puissance et les richesses ; mais dominée par des principes d'une égalité plus rigoureuse, l'assemblée nationale ne la vit commencée, pour ainsi dire, qu'où les autres la finissaient, et l'étendit, avec le mépris des anciens noms et de l'ancienne étiquette, jusqu'à l'ovation de la bourgeoisie. On enlève au roi ses ministres, on les met en accusation, et le parti girondin lui impose quelques fanatiques en bonnet rouge. C'est du cynisme politique qu'ils viennent faire dans le cabinet de Louis XVI, c'est le bourgeois gourmé qui vient débiter ses arrogantes maximes à la cour de France ; car le véritable travail des ministres se faisait déjà dans les comités de l'assemblée.

Les girondins tirèrent leur popularité de l'exaltation toujours croissante, des principes, et ils l'étendirent encore par leur alliance avec le club des jacobins. C'était dans les clubs que le peuple tenait sa cour, et jouissait véritablement de sa souveraineté ; c'était là que ses courtisans venaient lui rendre hommage, et briguaient sa faveur. Jamais dans le palais d'un despote, la dissimulation et l'intrigue ne furent portées si loin. Indignés de l'espèce de culte que rendait encore au monarque le parti constitutionnel, les girondins signalèrent au peuple jaloux ces respects accoutumés comme un crime de lèse-nation.

Ils arrivèrent ainsi, de concert avec les orléanistes, à faire le 10 août ; non que leur but fût le même, car, au lieu que ceux-ci voulaient se défaire du roi, les autres ne voulaient tuer que la royauté. Il convenait aux girondins de laisser vivre encore Louis XVI, afin d'avoir le temps du moins de rappeler au ministère leurs anciennes créatures que le parti constitutionnel en avait éloignées. Le triomphe des girondins fut complet. Mais je vois déjà s'élever pour leur ruine cette fameuse commune du 10 août, ainsi nommée du jour où elle prit le pouvoir. Robespierre en devient l'ame et le conseil, Marat et Danton le servent de leur audace : cette ligue se forme au bruit du tocsin. Ce fut à son tour la commune qui fit les journées de septembre ; et forte de tant de crimes et de tant d'assassinats qu'elle venait de commettre, elle laissa dès-lors en arrière les girondins, qui n'eurent ni le courage ni la volonté de la suivre à la trace du sang. La commune se fait seule et la tête et le bras du peuple; et cette tête qui médite tous les crimes, ce bras levé pour les exécuter tous, proscrivent et frappent partout à la fois.

CHAPITRE X.

La convention nationale. — Robespierre. — Corruption de la puissance révolutionnaire.

L'ASSEMBLÉE législative, en instituant une convention nationale pour juger le roi et donner à la France une constitution nouvelle, pouvait sans doute, comme la constituante, se déclarer non rééligible. Elle ne le fit point ; donc elle accepta pour chacun de ses membres en particulier la responsabilité d'une réélection. Ceci fait voir, au reste, que le désintéressement était déjà moins grand dans le parti révolutionnaire. Mais ce ne fut pas tout, car en s'assurant à elle-même des droits à la réélection, elle crut aussi devoir les étendre aux membres de la constituante ; ce qui donna une seconde fois à la France pour législateurs, le duc d'Orléans et Robespierre.

Demeuré fidèle à la constitution de 91, le parti constitutionnel ne cessa de condamner les entreprises des assemblées suivantes. Mais ceux qui les premiers s'étaient mis en dehors de leur mandat, ceux qui ne prétendaient déférer ni aux vœux du peuple ni aux remontrances royales, n'avaient-ils pas consacré d'avance tous les abus de pouvoir, et perdu le droit d'accuser les nouveaux mandataires? Certes la pensée d'un 10 août, et les épouvantables sophismes qui menèrent au 21 janvier, ne sont pas plus mal fondés que les principes invoqués en 89 pour résister aux déclarations du monarque et établir la souveraineté du peuple. Là où une nation remet en question les sermens et délibère sur la foi promise, il n'est plus de pacte social possible.

Il me semble entendre cette convention nationale, furieuse de ses propres crimes, les renvoyer ainsi aux constitutionnels : « Eh !
» quoi ! leur dirait-elle, hommes hypocrites
» ou insensés, vous avez chargé de chaînes
» votre roi, vous nous avez légué une royauté
» avilie, et c'est nous maintenant que vous
» accusez de l'avoir détruite ! Vous nous faites
» un crime d'avoir proclamé la république,
» lorsque vous aviez rendu la monarchie im-
» possible ! La personne du roi, dites-vous,
» était inviolable; mais ne le devait-elle pas

» être également pour votre assemblée, qui
» sans cesse lui prodigua les mépris et les ou-
» trages ? Vous l'avez déshonoré, flétri dans
» l'opinion publique, quand vous pouviez en-
» core le faire régner ; nous autres, nous le
» tuons parce qu'il n'est plus qu'inutile. C'est
» un sacrifice que nous offrons à la patrie,
» lorsqu'il n'y a plus que ce moyen de la sau-
» ver, et lorsque pour détourner les maux que
» vous avez amassés sur notre tête, il faut
» nous jeter dans les violences de la dicta-
» ture. » Ainsi, sous l'empire d'une raison
vagabonde, les crimes comme les faux principes naissent les uns des autres, et on peut,
étouffant avec ses propres sentimens le cri de
la conscience, devenir méchant et cruel de
bonne foi.

La convention a été la conséquence nécessaire de la chute de toutes les institutions et
du renversement de tous les pouvoirs ; il n'y
avait plus que des hommes, et il fallait qu'ils
fussent terribles. La terreur ne s'établit pas
tout d'un coup, mais elle suivit dans sa mar-
che les progrès même de l'esprit d'analyse et
de réforme ; progrès qui sont admirablement
représentés par la succession diverse des hom-

mes qui héritèrent de la popularité. De Bailly à Pétion, le passage n'avait pas été moins sensible que de Vergniaud ou de Brissot, si l'on veut, à Marat et à Robespierre. C'était actuellement au parti jacobin à dominer, par cela seul qu'il embrassait la révolution dans ses dernières conséquences. Marát avait demandé trois cent mille têtes, c'étaient celles de l'aristocratie bourgeoise : la même pensée donna le pouvoir à Robespierre. Que nous sert d'avoir fait la révolution, disait-il, si l'égalité n'étend pas ses bienfaits jusqu'aux derniers rangs du peuple? Il ne suffisait pas de porter le bonnet rouge et la veste courte, il fallait être jacobin dans le cœur. Robespierre avait entrepris, à sa manière, de régénérer la France, et peut-être, en effet, n'eut-il d'autre dessein que celui-là : c'était un fanatique de raison.

Ce pouvoir, que des principes destructifs de l'ordre social avaient mis aux mains de tout le monde, ne pouvait cependant demeurer à personne, parce que la corruption débordant toujours les partis, ne leur laissait guère le temps de s'établir. Robespierre avait fait justice du duc d'Orléans et rompu les desseins de son parti; il avait frappé la secte odieuse des hébertistes, qui massacraient les chrétiens pour donner à la France le culte de la nature ; et tout récemment encore il venait d'envoyer à l'échafaud Danton avec quelques chefs du parti *cordelier*, appelé aussi le parti des *immoraux*, parce qu'il ne cherchait dans la révolution que du pouvoir et des richesses. Or ces factions, divisées d'abord entre elles, se réunirent contre leur commun ennemi; elles firent ensemble le 9 thermidor, et délivrèrent la nation du plus cruel des sophistes, non dans la vue de rendre son sort meilleur, mais pour la plonger au contraire dans une corruption toujours plus grande. Ici la révolution prend tout un autre caractère. Encore ivre de sang, elle dépouille la livrée du jacobinisme, elle se plonge dans le bain, se parfume, et jette un avide regard sur les grandeurs de ses victimes et sur le diadème des rois.

Chez un peuple que de fausses doctrines avaient jeté si loin des sentimens naturels, depuis long-temps il ne devait plus y avoir que des vertus et un caractère d'imitation ; et, en effet, c'était, ou Tacite ou Tite-Live à la main, que l'on faisait du patriotisme, ainsi qu'on avait fait de la religion avec l'ancien culte des divinités payennes. Maintenant une autre imitation va remplacer celle qui nous avait donné pour patrons Brutus et Scévola : d'avides traitans, pillent, de toutes mains, la république pour arriver aux folies d'un Appicius ou d'un Lucullus ; et les femmes, elles-mêmes, chaussant le cothurne, paraissent à demi-nues sous des draperies grecques ou romaines, et ornent jusqu'aux doigts de leurs pieds de pierres précieuses. Le Directoire enfin amène avec lui le règne de ces fournisseurs d'odieuse mémoire, qui envahirent un moment les trésors de l'État. Tandis que la tête des partis se repose en silence, cette espèce d'hommes qui n'avaient vu dans la révolution qu'un déplacement de richesses, pénètre d'abord à travers les vides de la société, et monte et s'élève comme l'écume du flot révolutionnaire.

L'époque dont nous parlons est curieuse pour les mœurs. On commence à se rapprocher de ces hommes cruels qui avaient épouvanté le monde; on les regarde avec une sorte de curiosité, on s'étonne presque d'oser vivre en leur présence. Insensiblement on retourne au plaisir ; on se hasarde même à danser sous leurs yeux ; cela s'appelle le *bal des victimes*.

Il ne se fit d'abord d'invitations qu'à ceux qui avaient perdu quelques-uns de leurs proches, et tout le monde voulut en recevoir : étrange manière d'honorer les martyrs, et bien digne de ces temps !.

Cependant c'est après le 9 thermidor qu'on décerne des statues à Marat, et qu'on accorde à ses restes les honneurs du Panthéon : *Aux grands hommes, la patrie reconnaissante !* C'est de cette époque aussi que date la fortune de Bonaparte. Il rentre dans les rangs de l'armée avec cette troupe de généraux *terroristes* que l'opinion publique en avait repoussés au 9 thermidor, et que le directoire rappela au 13 vendémiaire pour écraser le peuple de Paris. L'État ne peut leur échapper, et, tout couverts du sang des rois et des nobles; ils se préparent à conquérir pour eux-mêmes des titres et des couronnes. Le 13 vendémiaire, et ensuite le 18 fructidor, qui se firent avec des soldats, devaient nécessairement amener le 18 brumaire.

C'est une chose curieuse, au 18 fructidor, que le cri de guerre qui retentit de l'armée d'Italie, contre *la royauté et les royalistes, ennemis de la liberté*, dans une adresse rédigée au nom de Bonaparte et portée par Augereau. Moreau se hâtait également de dénoncer Pichegru au Directoire. En vérité les chefs de nos armées étaient pour la plupart des gens bien vils.

Je ne sais quel esprit d'inquiétude fit entreprendre la croisade philosophique d'Égypte. Était-ce encore une de ces conceptions gigantesques qui se perdent dans les ténèbres de la raison ? Ceux qui la dirigèrent avaient-ils l'intention de protester sur les lieux mêmes contre les croyances du christianisme ? Quoi qu'il en soit, Bonaparte se présenta d'abord comme un envoyé de Dieu, et il eût, au besoin lui-même, embrassé l'islamisme. C'était du charlatanisme, disait-il, mais du plus haut (1).

A son retour d'Égypte, après le coup-demain du 18 brumaire, il trouva tous les généraux prêts à le servir, et tous protestaient alors de leur haine pour l'anarchie. Si Bonaparte eût échoué dans son entreprise, il les aurait eus de même pour ennemis. Le Directoire ne venait-il pas d'ôter le porte-feuille de

---

(1) Mémorial de Sainte-Hélène.

la guerre à Bernadotte dont il redoutait les opinions démocratiques ?

Le besoin de fixer leur sort qu'éprouvaient déjà les directeurs, ainsi que ce conseil des *anciens*, vieillis dans les tribulations de la révolution, fut ce qui contribua le plus à faire réussir la conjuration du 18 brumaire; de même que l'ambition d'une nouvelle carrière put causer en partie la résistance des jeunes députés des *cinq cents*. Barras traitait secrètement avec la maison de Bourbon; et Siéyes, tout récemment élu au Directoire, ne paraissait y être entré que pour le vendre à quelque réputation militaire. Les grands caractères ayant disparu pendant la tempête, Bonaparte trouva le parti de la terreur désarmé, les républicains austères en train de faire fortune, et les royalistes eux-mêmes, après tant de défaites, sur le chemin de la séduction. De toutes parts les mœurs altérées et corrompues facilitèrent son élévation.

Il commence dès-lors à prendre ce langage de déception, avec lequel il n'a cessé de se peindre comme le libérateur des peuples, et comme le plus ferme appui de ceux qu'il opprimait; invoquant à haute voix ces principes de liberté et d'égalité qu'il venait anéantir, parlant à tous d'une modération dans ses desseins, qui était si loin de son cœur. Il s'était fait dans sa tête un résumé de tous les sophismes de la révolution : ils le mirent à même d'en imposer facilement à un peuple qui avait pu se croire philosophe avec Hébert et Chaumette, équitable avec Marat, vertueux et libre avec Robespierre.

Il y avait un gouvernement faible, à la vérité, tracassier; mais, après tout, il était établi. Bonaparte, simple général, sans mission, ni du peuple, ni d'aucun pouvoir constitué, renverse ce gouvernement, trompe un des conseils, et fait chasser l'autre par ses soldats. Je ne connais point de plus grand attentat dans l'histoire. Et que de circonstances encore viennent ajouter à son crime ! Toutes ses opinions démenties, tous ses sermens violés, son poste abandonné en Égypte, la ruine des pouvoirs qu'il avait au 13 vendémiaire cimentés du sang du peuple, et le peu de courage enfin qu'il fait paraître dans sa trahison. Mais il était dit que de cette révolution, qui avait brisé toutes les institutions sociales, il ne pouvait naître un pouvoir pur et légitime ; de même qu'il n'y en avait aucun qui dût résister à l'orage. Bonaparte, à Saint-Cloud, échappa la roche tarpéienne; mais le ciel l'avait placée pour lui à l'autre bout de l'univers, et il devait y arriver par quinze années de victoires et de triomphes. C'est une victime de plus qui a fait sa destinée.

CHAPITRE XI.

Des victimes en général.

Il ne sera pas hors de propos de remarquer ici combien ont de part eux-mêmes à leur malheureuse destinée, ceux qui succombent dans les révolutions. Et cette observation générale peut s'appliquer encore, dans le cours ordinaire des choses, à toutes les fatalités du crime; la main des assassins frappe rarement à l'aventure; peu de gens ont été victimes d'un grand complot, qu'ils n'aient, en quelque sorte, contribué à leur propre ruine. Au milieu de ces désordres, où s'exercent tant de représailles, si l'on ne peut justifier la fureur des bourreaux, il n'en demeure pas moins constant qu'ils deviennent alors comme les agens terribles d'une puissance morale qui ne pardonne et ne remet aucune faute. Il est, dans les révolutions, des hommes qui sont coupables pour avoir tout osé, et d'autres, pour n'oser rien ; de là vient qu'ils sont également punis.

A Dieu ne plaise que je rouvre la tombe de l'infortuné Louis XVI pour troubler sa cendre royale; et cependant il faut avouer qu'il est presque toujours resté l'arbitre de son sort, libre qu'il était de régner et d'abattre ses ennemis. Le roi martyr n'arriva point de plein pied à l'échafaud, mais il y monta par tous les degrés de la faiblesse et de la bonté, qui peuvent aussi être un tort. Quand les réformes exigées par le temps eurent reçu la sanction royale, quand on eut prononcé l'abolition de certains priviléges et la répartition égale des impôts, ce fut dans le prince une faute impardonnable de n'user point de sa puissance pour contraindre les députés à se renfermer dans les termes précis de leurs mandats. Le métier de roi impose des devoirs, et celui de Louis XVI alors était de sauver la monarchie. Lorsqu'il se décida ensuite à tout accepter au risque de tout perdre, il fallait, remplissant lui-même ses engagemens, ne point souffrir que les partis se jouassent d'une constitution qu'il avait solennellement jurée.

L'émigration n'est pas, non plus, tout entière exempte de reproche. Les grands seigneurs devaient-ils, dans la crainte seule de partager avec la noblesse de province et la bourgeoisie l'honneur du succès, laisser échapper l'occasion de rétablir l'ordre, et préférer au noble dévouement des royalistes, les cinq cent mille bras de l'étranger? Fallait-il, pour aller plus vite, accroître parmi nous l'anarchie, et exposer tout un empire à se déchirer de ses propres mains, pour venir plus sûrement à son secours? Depuis le commencement de la révolution, le grand principe des hommes de cour a été de pousser tout au mal, afin de détruire par ses propres excès une liberté furieuse; ce n'est point être irréprochable que d'avoir ainsi travaillé au bien.

Enfin la nation, elle-même, victime de tant de désastres, eût pu se sauver par une juste indignation, et elle ne s'indigna point. Elle souffre qu'on lui donne les jeux du supplice, elle assiste à tous les assassinats, elle consent à tous les crimes (1). Danton, Robespierre, ne

---

(1) On voit, par des notes qui ont été conservées dans les cartons du comité de salut public, qu'on exigeait des espions et autres agens qu'ils rendissent jour

prirent jamais de gardes, et on n'en fit point justice; le comité de salut public avait à peine quelques piques à sa porte. Il faut plaindre le malheur des nations, mais ne s'en étonner point; elles font elles-mêmes, comme les individus, leur destinée, et reçoivent de chaque gouvernement la mesure de justice et de liberté dont elles sont dignes.

---

par jour un compte fidèle de l'impression que produisaient sur le public les condamnations ; s'il les approuvait, s'il suivait avec empressement les charretées à l'échafaud, s'il s'apitoyait sur le sort des condamnés ou s'il s'en réjouissait ; si l'on avait trouvé qu'il y en avait trop ou trop peu; enfin tout ce qui se disait dans les groupes, à l'audience, dans les salles du palais et sur les places d'exécution. On voit dès-lors que ce n'était point sans une sorte de calcul que l'on versait le sang, et qu'il se pouvait faire qu'une indignation bien marquée en tarît sur-le-champ la source.

CHAPITRE XII.

La mission de Bonaparte. — Pourquoi l'armée abandonne le gouvernement révolutionnaire. — Corruption des chefs de parti. — Crimes du consulat.

La révolution, dont le pouvoir ascendant s'était élevé dans sa cruauté jusqu'au comité de salut public, n'attendait, pour arriver à ses dernières conséquences, qu'une main forte et puissante qui en exprimât à la fois tous les principes de corruption. Il fallait qu'on vît cette raison humaine, si variable et si commode, trouver actuellement des argumens nouveaux pour refaire pièce à pièce ce qu'elle venait de renverser; il fallait surtout qu'on vît ces sophistes cruels qui avaient fait mourir les rois, rétablir pour eux-mêmes les trônes et les grandeurs. C'était détruire tous les prestiges, c'était ôter tous les masques; telle fut la mission de Bonaparte.

Cette armée qui n'avait point su avec Bouillé sauver le monarque, ni la constitution avec La

Fayette ; cette armée, qui abandonna Dumouriez pour suivre la terreur, fit bien voir cependant au 18 brumaire, en chassant du lieu de leurs séances les élus du peuple, qu'elle ne craignait pas de briser un gouvernement établi. Et parmi tant d'officiers-généraux qui, pour la cause de la liberté, avaient inondé de sang leur malheureuse patrie, il n'y en eut pas un seul alors qui consentît à jouer le rôle de Brutus ou de Pompée : c'était là qu'il fallait être Romain, et non au 10 août, et non au 2 septembre. Cependant je crois trouver la cause d'un si grand changement, de la part de l'armée, dans l'habitude même qu'avaient déjà prise nos soldats de renouveler chez les nations vaincues la forme du gouvernement. Ils ne furent point blessés d'un acte d'autorité qu'ils avaient si souvent exercé au dehors. Les généraux, qui jusque-là étaient peu en crédit, s'accommodèrent volontiers aussi de l'idée d'un gouvernement militaire sous lequel ils allaient obtenir quelque importance politique. La Convention avait déjà commis une grande faute, en les appelant dans les derniers temps à jouer un rôle.

Ce n'était donc pas un si mauvais usage du comité de salut public, de mettre à la tête des armées des représentans du peuple; peut-être avait-il, par ce moyen, prévenu de grandes infidélités, et quelque 18 brumaire. Mais aussi la Convention ayant cessé de faire surveiller ses généraux, il en résulta qu'ils se crurent plus près du gouvernement. Enfin, comme le Directoire, qui n'avait que de petites vues, ne voulait ni satisfaire l'opinion des classes aisées, ni recourir à la multitude qu'il redoutait, ce fut une nécessité qu'il se mît à la merci des troupes.

Bonaparte avait eu le temps d'étudier ses officiers, et de pénétrer, pour ainsi dire, l'armée jusqu'au cœur. Aussi, dans les plus grandes circonstances de sa vie, n'eut-il besoin que de répéter ce qu'il avait dit autrefois à ses soldats d'Italie : « De riches provinces, de grandes » villes, seront en notre pouvoir, et là vous » aurez richesses, honneurs et gloire. » On voit, de son propre aveu, qu'il fondait en partie ses succès sur la corruption. « Hoche m'au- » rait cédé le pas, dit-il (1), ou se serait fait » écraser; mais comme il aimait l'argent, les » plaisirs, nul doute qu'il ne se fût rangé. »

---

(1) Mémorial de Sainte-Hélène.

Ainsi se sont *rangés* tant d'autres capitaines qui nous ont donné l'empire et ses tyrannies.

Il s'appliqua d'abord à gagner tous les chefs de parti ; mais, soit républicains ou royalistes, ceux qu'il ne put séduire trouvèrent en lui un ennemi terrible. Je ne veux point parler des rigueurs exercées contre le parti de la révolution, que lui livra Fouché, mais je citerai la mort de Frotté qui, venant traiter de la paix, à la faveur d'un sauf-conduit signé du consul, fut pris et fusillé avec tout son état-major.

Le consulat s'ouvrit par cet assassinat, et il se trouve comme fermé par le meurtre du duc d'Enghien. Ce sont de ces lâchetés, de ces perfidies dont la terreur même n'offre point d'exemple. Je trouve cette différence entre les juges de Louis XVI et les meurtriers du duc d'Enghien, que les premiers ont pu être égarés par un fanatisme furieux, tandis que les autres n'obéissaient qu'à de viles espérances de fortune. Il faut, en effet, que ce soit un bien grand crime, puisque personne ne veut actuellement en rester chargé, non pas même ceux qui en ont commis tant d'autres. On publie des mémoires, on établit des *alibi*, chacun veut effacer sa tache : vous verrez que le duc d'Enghien sera venu se constituer prisonnier lui-même, et peut-être encore aura été obligé de commander le feu.

CHAPITRE XIII.

Politique du consulat. — Changement dans le système d'égalité. — Suites et progrès de la corruption. — Exceptions honorables. — Le sénat.

On accepta le consulat avec une sorte d'enthousiasme. Le peuple français, libre comme un esclave qui a perdu son maître, n'avait jamais cessé de marcher à la suite d'un homme : de Bailly, il s'était donné à Pétion, puis à Marat et à Robespierre; et, après Barras, venait enfin le règne de Bonaparte. Mais comme ce dernier, instruit à l'expérience des révolutions, n'ignorait aucun des dangers de la popularité, il entreprit d'abord de faire entrer les masses dans un système militaire où une discipline forte pût lui donner sur elles une autorité de tous les instans. Il persuade au peuple que sa domination lui est nécessaire, et le peuple s'attache fortement à lui; ses victoires font le reste. En jetant les hommes dans l'étonnement, il ne leur laisse jamais le temps d'en revenir, voilà le secret de sa puissance.

4

Bonaparte sentit bien que ce n'était pas l'égalité rigoureuse de la république, celle que l'on crée un niveau à la main, qui devait longtemps convenir à une nation vaine et corrompue. Mais, par une nouvelle direction donnée aux principes révolutionnaires, il établit cette autre égalité qui consiste à faire descendre les honneurs et les richesses dans les dernières classes du peuple; ainsi il acheva de séduire la multitude. Il n'avait maintenant qu'à recueillir l'immense héritage de la révolution, et il put aisément se montrer sobre de sang et de victimes. Il ne dépensa des hommes que pour la guerre, et c'était contre de la gloire qu'il échangeait leur vie. Bonaparte, en succédant au Directoire, sut encore se faire honneur de son économie : l'homme de génie sait tirer avantage de tout, et faire le bien même pour arriver au mal. « Mon exemple, dit-il (1),
» a pu seul changer les mœurs de l'adminis-
» tration, et empêcher le spectacle effroyable
» des dilapidations directoriales. J'ai eu beau-
» coup de peine à vaincre les penchans des
» premières personnes de l'État, que l'on a

---

(1) Mémorial de Ste.-Hélène.

» vues depuis, près de moi, strictes et sans
» reproches. » Il fallait bien qu'il commençât
par imprimer une sorte de respect pour sa
personne et pour son gouvernement, et le
meilleur moyen était de rétablir l'ordre dans
les finances.

Bonaparte en imposa d'abord à tous les
partis, et, ce qu'il y a de plus affligeant, il
n'eut besoin pour cela que de créer de nouveaux intérêts. Lorsqu'il voulut se servir de
la religion, il trouva le sacerdoce tout prêt à
légitimer ses guerres et son autorité ; l'aristocratie elle-même passa, en grande partie,
dans son camp ; il disait, dans ses antichambres.
Enfin les Spartiates de 93 avaient peigné leurs
cheveux et coupé leur barbe. Il faut admettre,
sans doute, des exceptions honorables; mais
Lanjuinais, Boissy-d'Anglas, La Fayette, ne
sont que des individus isolés, aussi bien que
ce petit nombre de royalistes demeurés fidèles
dans tous les temps.

Bonaparte, en mettant la couronne sur sa
tête, eut le courage de dire « que c'était pour
» assurer sans retour le triomphe de la liberté
» et de l'égalité; » et il trouva un sénat qui osa
le presser d'accomplir son œuvre, et se mit à

4*

ses genoux pour lui faire accepter l'empire ! C'est ici que commence entre le nouveau monarque et les premiers corps de l'État, cette longue et dégoûtante comédie, qui n'a fini que lorsqu'on n'a plus eu ni or ni sang à lui offrir.

CHAPITRE XIV.

Imitation monarchique. — De l'empire, et des causes qui ont amené sa ruine. — Avilissement des nouvelles grandeurs.

Lorsque Bonaparte parvint à l'empire, il ne lui fallut que répandre les dignités anciennes pour rattacher au système monarchique ces vieux jacobins de nos armées, qui avaient transformé en autant de républiques les royaumes conquis. C'est un nouveau système d'imitation qui s'établit sur les ruines de l'Etat populaire. Bonaparte se fait sacrer empereur; il prend un nom de dynastie, et se prépare à jouer le rôle de Charlemagne. Il refait des royaumes avec les républiques du Directoire, et distribue à ses lieutenans des États et des principautés, comme autrefois on leur assignait des campemens et des garnisons. Ce n'est plus la mince étiquette des rois de France qu'il prend pour modèle, il lui faut toute la pompe de l'Asie; Murat ou Cambacérès rougiraient du train bourgeois d'un Condé. La splendeur du trône impérial de Russie ou d'Allemagne ne satisfait point le monarque révolutionnaire; il trouve ces cours *mesquines*, il se plaint d'être obligé, dans ses entrevues, d'en fixer l'étiquette, et d'y donner le ton. Mais il est bien plus étonnant encore, lorsqu'il passe une heure à prouver à l'empereur de Russie que l'hérédité des dynasties était le repos et le bonheur des peuples.

Cependant les nouvelles grandeurs de l'empire s'étonnaient peu de ce faste ; le temps était venu de partager les dépouilles, c'était l'accomplissement du mot de Danton. *N'est-il pas temps*, disait-il, *que nous habitions à notre tour les palais?* S'il arriva, par la suite, à quelques-uns des favoris de Bonaparte de censurer les gigantesques entreprises de leur maître, ce fut bien plutôt dans la crainte qu'il ne compromît leur nouvelle fortune, que par un véritable amour de la patrie. Il ne s'adressait point aux sentimens de l'homme, mais aux calculs de sa raison, et la raison devait mettre un terme au dévouement de ses capitaines. Comment leur aurait-il parlé d'ailleurs une langue qu'il ne connaissait pas lui-même? La révolution venait d'éteindre les plus nobles af-

fections de l'ame, et jusqu'à cette pudeur publique qui retient l'homme dans le devoir. C'était elle qui avait mis dans la bouche de Bonaparte cette étrange maxime, « Que les
» sentimens ne sont que des traditions; que la
» raison humaine, son développement, voilà
» toute la clef sociale, tout le secret du législateur. » Avec de pareils principes on soutient mal le choc de l'adversité. C'est par l'honneur, par la religion et la justice, qu'on dispose les peuples aux grandes vertus, et qu'on se fait de leur fidélité un rempart dans la mauvaise fortune. Mais il fallait que la révolution fît dans ses conséquences le tour de tous les vices; et l'ingratitude et la perfidie n'en sont pas, je m'imagine, les moins odieux.
« Nommais-je un roi, dit Bonaparte, il se
» croyait tout aussitôt *par la grâce de Dieu* (1).
» Ce n'était plus un lieutenant sur lequel je
» devais me reposer, c'était un ennemi de
» plus dont je devais m'occuper. Ses efforts
» n'étaient pas de me seconder, mais bien de
» se rendre indépendant. » Un de ses maréchaux l'insulte lorsqu'il se rendait à l'île d'Elbe;

---

(1) Mémorial de Sainte-Hélène.

un autre pense échapper à sa double trahison, en parlant avec mépris de son ancien maître ; un troisième enfin fut plus perfide que tous les autres. Pour me servir de l'expression de Bonaparte, on ne les a trouvés ni *émigrés* ni *nationaux*. Faut-il juger d'un coup cette classe que la révolution avait élevée? « Elle n'a point,
» dit-il, répondu à ses nouvelles destinées ;
» elle n'a montré que corruption et versatilité.
» Elle n'a déployé dans les dernières crises, ni
» talens, ni caractère, ni vertu; elle a perdu
» l'honneur du peuple (1). »

Il est une observation que doivent faire ceux qui lisent le *Mémorial de Sainte-Hélène*. Bonaparte ne cesse de répéter à M. de Las Cases, *que les grands traîtres ne sont point partis du faubourg Saint-Germain ; qu'en parlant de l'infamie et de la dégradation de son entourage, il ne lui parle pas de ses amis du faubourg Saint-Germain*, etc. Je sais réduire sans doute à sa juste valeur le mérite de la naissance ; mais ne serait-il pas vrai de dire que la noblesse, dont l'éducation a été plus généralement tournée vers l'exercice des sen-

---

(1) Mémorial de Sainte-hélène.

timens élevés, doit aussi être, par cette raison, plus propre à donner de grands exemples de vertu ? Ne la doit-on pas trouver plus prompte à tous les sacrifices, et plus capable de ce qu'on appelle honneur et dévouement ? Lorsqu'il ne s'agissait encore que d'une simple abdication, Bonaparte se vit lâchement abandonné de ses dignitaires, et de toute sa cour, à Fontainebleau, tandis qu'au 10 août, là où il y allait de la vie, les rangs de la noblesse se serrent et font ferme autour du trône. Malesherbes s'offre à défendre un prince malheureux, qui l'appela deux fois à son conseil, dit-il, dans un temps où cette fonction était ambitionnée par tout le monde ; et Malesherbes paye de sa tête ce dévouement héroïque.

Voyez encore ce que put faire, pour la monarchie sur son déclin, ce sentiment religieux que depuis un demi-siècle on s'efforçait d'anéantir. Quelle vertu n'inspira-t-il pas aux nouveaux martyrs du christianisme, et aux défenseurs du trône ? La royauté incrédule et sans foi de Bonaparte, privée de ses nationaux, n'a jamais eu ni Vendée ni émigration.

CHAPITRE XV.

Bonaparte.

Bonaparte avait trop de petites passions, pour que sa gloire n'en souffre pas dans l'avenir. Quoiqu'il poussât la gravité jusqu'à l'affectation, il a quelquefois traité légèrement les affaires les plus importantes. Avec du génie, il donnait beaucoup trop à l'esprit. Il a mêlé trop de vanités à l'ambition; il s'est trop servi de la guerre pour le grand rôle qu'il voulait jouer. Il était si sensible au plaisir des combats, qu'on dirait volontiers qu'il n'avait d'autre but que de faire une belle campagne. Aussi les conditions qu'il imposait après la victoire devenaient-elles presque toujours le gage d'une nouvelle guerre; c'est ainsi qu'il la rendait éternelle. Et cependant ne suffisait-il pas d'un seul grand revers pour exposer la France à toutes les horreurs de la conquête? Il avait joué à Marengo, à Austerlitz, à Wagram, la même partie qu'il a perdue depuis à Waterloo. L'amour de la guerre le rendit beaucoup trop indulgent pour ses lieutenans qui mettaient impunément l'Europe au pillage. Ce caractère aventureux devait plaire à la nation, mais il s'accordait mal avec les prétentions du législateur et les intérêts de la patrie. Louis XIV, dans ses revers, prend la résolution de s'ensevelir sous les débris de son trône, et cette pensée est admirable! Comment Bonaparte, qui avait usurpé la royauté, n'a-t-il pas su mourir en roi? L'exemple de Thémistocle ne lui allait plus, il ne se fût point comparé dans sa haute fortune à ce général; c'était comme Léonidas qu'il fallait mourir. Le courage ne lui a point manqué, mais la résolution, et c'est le sublime de la vertu. Je le souhaiterais plus calme, plus impassible, sur le vaste échafaud de Sainte-Hélène; il se débat trop entre les mains de ses bourreaux. Voyez Louis XVI, au contraire, si grand, si magnanime dans les douleurs de la captivité, si résigné aux apprêts du supplice! Bonaparte boit un calice moins amer, et il ne le boit ni en chrétien ni en philosophe : il n'accepte aucun des ennuis de l'esclavage ; il s'émeut au bruit de ses chaînes ; il les traîne plus qu'il ne les porte.

Je voudrais voir enfin Bonaparte moins gourmé, moins roi de théâtre. On peut, sans avilir la majesté royale, montrer de l'attachement à qui nous sert bien. D'où vient qu'il n'eût pas, à Longwood, serré la main de ses vieux compagnons d'armes? Pourquoi s'interdire une simple politesse, un épanchement du cœur, avec autant de soin qu'en eût mis Henri IV à corriger un premier éclat de sa colère? Bonaparte ne croyait pas qu'il fût de l'étiquette de témoigner ostensiblement sa reconnaissance, pour quelques soins qu'on lui rendît. « Il était sensible, dit M. de Las Cases,
» mais il fallait savoir le deviner; et l'on s'en
» apercevait à son œil devenu plus attentif,
» au son de sa voix plus radouci. » C'était une véritable idole à laquelle on rendait un culte; et ce qu'il y eut de plus déplorable, c'est que cette idole ne laissa après elle qu'une profonde indifférence pour la patrie. On s'était attaché à la révolution, on s'attacha ensuite à l'homme qui la représentait; et, quand cet homme fut tombé, on n'eut plus d'amour pour rien. Les soldats de Waterloo disaient, *plus d'empereur,*

plus de patrie! mot affreux, qui seul découvrirait toute la profondeur du mal.

Un homme qui a tant marqué dans le monde, lorsqu'il entreprend d'expliquer lui-même sa conduite, ne doit pas être cru toujours sur parole : le jugement de la postérité l'inquiète ; il est tout naturel qu'il veuille se faire une meilleure place dans l'histoire. Bonaparte, à Sainte-Hélène, parle de l'affranchissement des peuples, de la liberté qu'il voulait leur procurer, de ses projets d'amélioration et de perfectionnement ; et il en parle beaucoup trop pour que l'on y puisse croire. Il ajoute que les prisons d'Etat ont assuré la liberté individuelle, et contribué à rendre les Français le peuple le plus libre de l'Europe (1). Voilà, sans doute, un beau privilége pour les détentions arbitraires, pour les donjons, les bastilles, et toutes les ressources de la tyrannie.

Il ne faut pas accorder aux discours de Bonaparte une trop grande confiance ; mais je le croirai volontiers, lorsqu'il dit : « Vous » vous imaginez peut-être que ceux qui » avaient été les plus coupables envers moi,

─────────

(1) Mémorial de Sainte-Hélène.

» en 1814, auraient fui à mon retour de l'île
» d'Elbe? non, j'en ai été obsédé. » N'avons-
nous pas vu ces mêmes hommes obséder encore
à son retour le monarque légitime?

CHAPITRE XVI.

De la restauration.

Si par la restauration on entend le rétablissement de l'ordre et de la justice, la sanction des principes et le retour aux véritables doctrines, disons-le hautement, il n'y a pas encore eu de restauration. La pensée du prince est admirable, mais elle a été mal saisie. Avant de courber le peuple sous le joug d'une religion qu'il ne comprend point, commencez donc par lui restituer le sentiment religieux que la révolution a éteint en lui; encouragez les hommes à la vertu par de grands exemples; remettez en honneur le désintéressement et la probité. C'est cette restauration que je veux, et non celle qui consiste dans le rétablissement de certaines formes sociales usées ou détruites par le temps. On a changé de système, il est vrai; la dévotion a remplacé la folie des conquêtes, les confréries et les congrégations ont pris la place des comices révolutionnaires;

mais ce n'est pour les Français qu'une imitation de plus, les sentimens, qui font la vérité des mœurs, n'existant nulle part. Les restes de l'empire n'ont fait que changer de livrée ; ce sont ces mêmes hommes dont les principes variables ont pris toutes les nuances qui nous importunent encore aujourd'hui du bruit de leurs conversions ; et, s'il faut le dire, la religion, qui a tiré une si grande gloire de ses persécuteurs, se flétrit présentement sous leurs adorations.

On sent que la restauration, conçue sur un autre plan, pouvait avoir les plus heureux résultats. Elle devait être large, généreuse, forte de ses propres principes, au lieu de faire pacte avec toutes les passions et avec toutes les vanités. Ce que les hommes *nouveaux* y ont cherché d'abord, c'est la sanction de leurs grandeurs ; ils ont bien compris que la puissance révolutionnaire ne pouvait avoir mission pour faire des nobles, et ils se sont dit, nous voulons l'être comme les autres. Je n'en veux pour exemple que cette lettre d'une comtesse de Bonaparte, qu'il avait comblée de grâces et de faveurs, à une de ses amies, pour lui apprendre la déchéance même de l'empereur et

le retour des Bourbons : « Dieu soit loué, lui
» écrit-elle, nous serons donc de vraies com-
» tesses. » La restauration, pour de telles
gens, n'est qu'un supplément à la révolution ;
et c'est encore ainsi qu'il faut la considérer à
l'égard de beaucoup d'autres qui ne cher-
chent, par leurs intrigues, qu'à corrompre
l'œuvre de la sagesse royale.

CHAPITRE XVII.

Du parti royaliste et du parti libéral.

Il ne faut pas croire, à quelques exceptions près, que le parti royaliste de la restauration soit le parti royaliste de la révolution. L'intrigue, parlant haut, mettant, à la place des services rendus, la délation et les cris de fureur, s'est emparée seule des honneurs et des récompenses ; et, par ce moyen, elle a achevé de porter la corruption où s'étaient jusque-là conservées les vieilles mœurs. La bassesse et l'infamie ont trouvé au pouvoir des appuis, et le ministre qui sentait le besoin de se faire des créatures, n'a pas balancé, dans son choix, entre l'homme libre et l'esclave. Tous les moyens pour s'avancer ont été bons, si l'on en excepte le patriotisme et la fidélité ; il fallait réconcilier les partis, mais il ne fallait pas que ce fussent les valets qui se donnassent la main. On ne sait plus maintenant ni où est le bien ni où est le mal; ni à qui l'on doit refuser son estime ni à qui on la doit accorder : or, c'est une preuve, quand on met tous les hommes sur la même ligne, qu'il n'y a plus de place pour la vertu. Un tel désordre dans la société ne laisse guère la faculté de discerner les gens de bien d'avec les méchans ; et, comme le dit le philosophe Antisthène, c'est alors qu'un pays est perdu. Veuille le ciel que cette sentence ne soit pas vraie pour le nôtre!

On reproche, avec raison peut-être, à l'opposition d'être peu religieuse. Il faut que l'on puisse tout publier, même les abominations de Dupuis, mais je n'aurais pas voulu qu'il se trouvât un parti capable de faire la fortune d'un si méchant livre. L'opposition a trop dédaigné l'empire des sentimens religieux, et ces hautes et sublimes vertus qui dominent la société, comme les dieux d'Homère dominaient sur les champs de bataille. A-t-elle donc pu ignorer que le christianisme était à lui seul une opposition, et la plus formidable, comme la plus sainte de toutes ? N'est-ce pas dans les pères de l'Église que nous trouvons les plus beaux exemples de cette résistance toute divine que l'homme doit à la tyrannie ? Et, pour ne point remonter si haut, qui jamais a parlé

avec plus d'autorité aux rois et aux grands, qui leur a tracé d'une main plus hardie leurs devoirs, que l'archevêque de Cambrai ou l'éloquent Massillon ? C'est cet héroïsme de piété, si loin de nous maintenant, qui inspirait le chancelier de l'Hôpital, lorsqu'il adressait au Parlement de Paris ces belles et mémorables paroles : « Les magistrats ne doi-
» vent point se laisser intimider par le cour-
» roux passager des souverains, ni par la
» crainte des disgrâces. »

Je veux, dans la révolution, choisir entre ces proscrits fameux de la Gironde qui ont brillé par tant de courage et de patriotisme, ceux qu'une ame plus fière encore semble placer au-dessus des autres. Sans doute ils n'auront tenu aucun compte de la vie, ils n'auront point fait à leur repos d'indignes sacrifices ; et pourtant voyez combien leur dévouement est loin d'égaler la charité chrétienne ! « Le peuple, dit
» Barbaroux, ne mérite pas qu'on s'attache à
» lui, car il est essentiellement ingrat ; ni
» qu'on défende ses droits, car on en abuse. »
Louvet : « Les hommes doivent être esclaves,
» puisque les hommes sont méchans, ou ram-
» pent devant les méchans. » Or le christia-

nisme, qui a beaucoup mieux connu encore ces tristes vérités, ne conclut point d'une manière si désolante. Il donne à ses disciples une résignation parfaite, il ne souffre point qu'ils tombent dans le découragement, mais il leur dit : « Quelle que soit la malice des hommes et » leur ingratitude, persévérez dans votre œu- » vre, car elle est bonne.

En un mot, il ne saurait y avoir d'opposition véritable si elle n'est religieuse. Comme le christianisme est le principe même de la liberté, on ne peut mettre la dernière main à la civilisation qu'en se retrempant à sa source. Ceux qui nous vantent sans cesse le beau gouvernement des Américains, sont bien aveugles de ne pas s'apercevoir que cette république est le premier État fondé depuis le christianisme, et fortement empreint du caractère religieux. Si les Américains venaient à s'éloigner de la religion, ils perdraient sur-le-champ cette liberté qu'elle leur a donnée. Qu'on cite donc une seule des républiques anciennes où la dignité de l'homme ait été réellement reconnue, où l'on ait jamais songé, avant la prédiction de l'Évangile, à proclamer les droits sacrés de l'humanité !

De même que les transfuges de l'empire et du *jacobinisme* se retrouvent dans le parti royaliste de la restauration, tous les mécontentemens révolutionnaires sont venus se grouper autour du parti libéral ; et peut-être y a-t-il, sous ce rapport, moins de dissemblance qu'on ne le suppose entre les deux partis. Que d'efforts pense-t-on qu'il faudrait à de telles gens pour retourner à leurs vieilles idoles ? Et combien encore, pour se laisser actuellement gagner au pouvoir qui domine ? C'est le dernier terme où parvient une nation corrompue, que l'on puisse tout aussi bien du parti *contre* en faire le parti *pour*.

CHAPITRE XVIII.

D'un certain parti.

Il est, dans l'ombre, un parti qui n'ose encore se flatter d'obtenir la victoire, mais il place ses sentinelles, il relève des postes, gagne du terrain, prend des positions, et se met sur tous les points en mesure de combattre. Ce parti est le plus révolutionnaire de tous, car il veut évidemment des choses que ni les rois ni la nation n'ont jamais pu vouloir.

Il rejette l'autorité des conciles devant laquelle doit s'abaisser celle du pape, et proteste contre la représentation nationale qui est le concile des rois. Il veut un pape infaillible, et un roi qui subisse les conséquences de l'infaillibilité sacerdotale. Il veut bien une noblesse, mais une noblesse théocratique, qui, ne se trouvant dans la dépendance ni du trône ni du peuple, ne relève que du souverain-pontife. On voit qu'il établit par-là une certaine égalité entre le prince et les nobles, puisqu'il les fait également dériver d'un pouvoir supérieur.

Il condamne Bossuet et les quatre articles du clergé, qu'il traite de propositions hérétiques; et on sent qu'il ne doit pas accepter ces libertés de l'église gallicane dont le but a été de soustraire au joug des papes l'autorité temporelle des rois. C'est ce parti, dont les racines sont encore si profondes, qui fut autrefois la ligue, qui, le premier, donna l'exemple du régicide, fit la Saint-Barthélemy, et appela l'étranger dans sa patrie. Le temps n'a fait que le changer de position; pour lui les crimes du fanatisme sont toujours des *rigueurs salutaires.*

Ce serait une erreur de penser que deux siècles aient pu détruire un parti si formidable et si bien lié, d'autant qu'il se rattache par ses principes à une puissance immuable dans ses desseins, et toujours debout. Il a commencé à se rallier sous l'empire, et s'est aussitôt fortifié de l'appui des jésuites, ses auxiliaires naturels. La société employa ses moyens ordinaires de séduction; elle ne se découvrit à Bonaparte que par les éloges qu'elle lui donnait, par la complaisance avec laquelle elle célébrait ses triomphes. Survinrent enfin les démêlés avec Rome, pendant lesquels les jésuites firent sentir leur influence. On voulut les atteindre, mais ils échappèrent à l'autorité; et cependant ils avaient renoué leurs intrigues, ils formaient dès-lors des confréries, des congrégations.

Cette vaste et puissante congrégation, qui embrasse tout maintenant et menace de tout envahir, date de l'année 1808, qu'elle fut fondée par l'abbé Delpuis, sous l'invocation de la vierge. Elle reçut la même dénomination qu'elle portait au temps de la ligue : elle eut d'abord, comme la ligue, ses chefs, ses officiers, son président ; et présentement elle est l'ame du parti dont je viens de parler.

La restauration ne peut être, aux yeux de ce parti, qu'un moyen d'arriver au pouvoir, et un prétexte pour établir les doctrines ultramontaines.

CHAPITRE XIX.

Système de corruption religieuse.

Nous avons indiqué les vices d'une philosophie qui n'était celle ni de Rousseau ni de Montesquieu, d'une philosophie qui, dédaignant les grands modèles de l'antiquité, avait mis partout la raison à la place du sentiment. L'erreur a changé de face, un autre système domine le monde ; c'est maintenant de sa propre raison qu'on entend dépouiller l homme., pour le livrer à tous les préjugés de la superstition et du fanatisme. Un peuple qui, depuis long-temps, a perdu sa force morale, n'est que trop disposé à s'avilir : il passera tout aussi bien de l'hypocrisie politique, qui a été le scandale de la révolution, à l'hyprocrisie religieuse, la plus infâme de toutes, et la corruption alors sera pleine et entière. Ainsi le veut une faction odieuse qui a formé le dessein de replonger l'Europe dans l'ignorance et la barbarie ; ainsi le veut un parti qui, étouffant de la même main et la vraie religion et la vraie philosophie, s'environne de doctrines surannées, gages homicides de l'esclavage des nations. On répand les germes de la bigoterie et du petit esprit, on multiplie les congrégations, les confréries ; on gâte les belles croyances par d'idolâtres mysticités ; et cependant il est encore un moyen de corrompre le peuple qu'on n'aura point négligé, c'est d'élever en honneur des hommes sans probité, sans foi, sans patriotisme. Des ministres prévaricateurs, agens secrets d'une puissance occulte, faussant eux-mêmes le pacte social, auront enlevé aux citoyens leurs droits politiques, et mis l'inquisition à la place des libertés nationales. Ils auront attaqué la justice jusque dans son sanctuaire, et forcé cette magistrature, encore intacte, de gémir comme aux temps des Pellevé et des Bussi-le-Clerc. Partout c'est le despotisme qui règne, et pourtant il n'y a point de despote sur le trône ; c'est que le despotisme est dans un parti.

CHAPITRE XX.

CONCLUSION.

C'est un grand malheur lorsqu'un peuple voit augmenter sa corruption par l'abus même des croyances qui devaient sauver l'État. Il cesse non-seulement d'estimer les hommes, mais il finit encore par se jouer de ses propres principes et de ses institutions. Toutes les voies du mal ont été ouvertes, on ne se trompe plus sur les moyens qui conduisent aux honneurs et à la fortune, la vertu même devient douteuse et incertaine. Alors les hommes de probité, les hommes convaincus disparaissent, et les professions de foi se font par ceux qui ne croient à rien. Sans doute la corruption a toujours obtenu une grande place dans le monde, mais elle ne fut jamais, parmi nous, ni si extrême ni si universelle. C'est l'effet de cette longue suite de tranformations politiques qui ont réduit à rien la conscience de l'homme ; c'est le résultat inévitable de cette *terreur* qui a tout brisé, de cet empire qui a tout souillé, du jésuitisme enfin qui sanctifie tout.

FIN.

TABLE.

	Pages.
CHAPITRE PREMIER. — Dessein de cet ouvrage. — Philosophie du dix-huitième siècle.	1
CHAP. II. — Des facultés de l'homme et de l'excellence de la religion chrétienne.	4
CHAP. III. — Que la philosophie du dix-huitième siècle n'a connu ni la vraie nature de l'homme, ni le véritable esprit du christianisme.	8
CHAP. IV. — Pernicieuse influence des philosophes.	11
CHAP. V. — Rousseau.	13
CHAP. VI. — Corruption de la puissance.	15
CHAP. VII. — Mirabeau.	19
CHAP. VIII. — L'Assemblée constituante.	21
CHAP. IX. — L'Assemblée nationale. — Les girondins. — La commune.	25
CHAP. X. — La Convention nationale. — Robespierre. — Corruption de la puissance révolutionnaire.	29
CHAP. XI. — Des victimes en général.	40
CHAP. XII. — La mission de Bonaparte. — Pourquoi l'armée abandonne le gouvernement révolutionnaire. — Corruption des chefs de parti. — Crimes du consulat.	44
CHAP. XIII. — Politique du consulat. — Changement dans le système d'égalité. — Suites et progrès de la corruption. — Exceptions honorables. — Le sénat.	49

Pages.

Chap. xiv. — Imitation monarchique. — De l'Empire, et des causes qui ont amené sa ruine. — Avilissement des nouvelles grandeurs. 53

Chap. xv. — Bonaparte. 58

Chap. xvi. — De la restauration. 63

Chap. xvii. — Du parti royaliste et du parti libéral. 66

Chap. xviii. — D'un certain parti. 71

Chap. xix. — Système de corruption religieuse. 74

Chap. xx. — Conclusion. 76

www.ingramcontent.com/pod-product-compliance
Lightning Source LLC
LaVergne TN
LVHW020948090426
835512LV00009B/1760